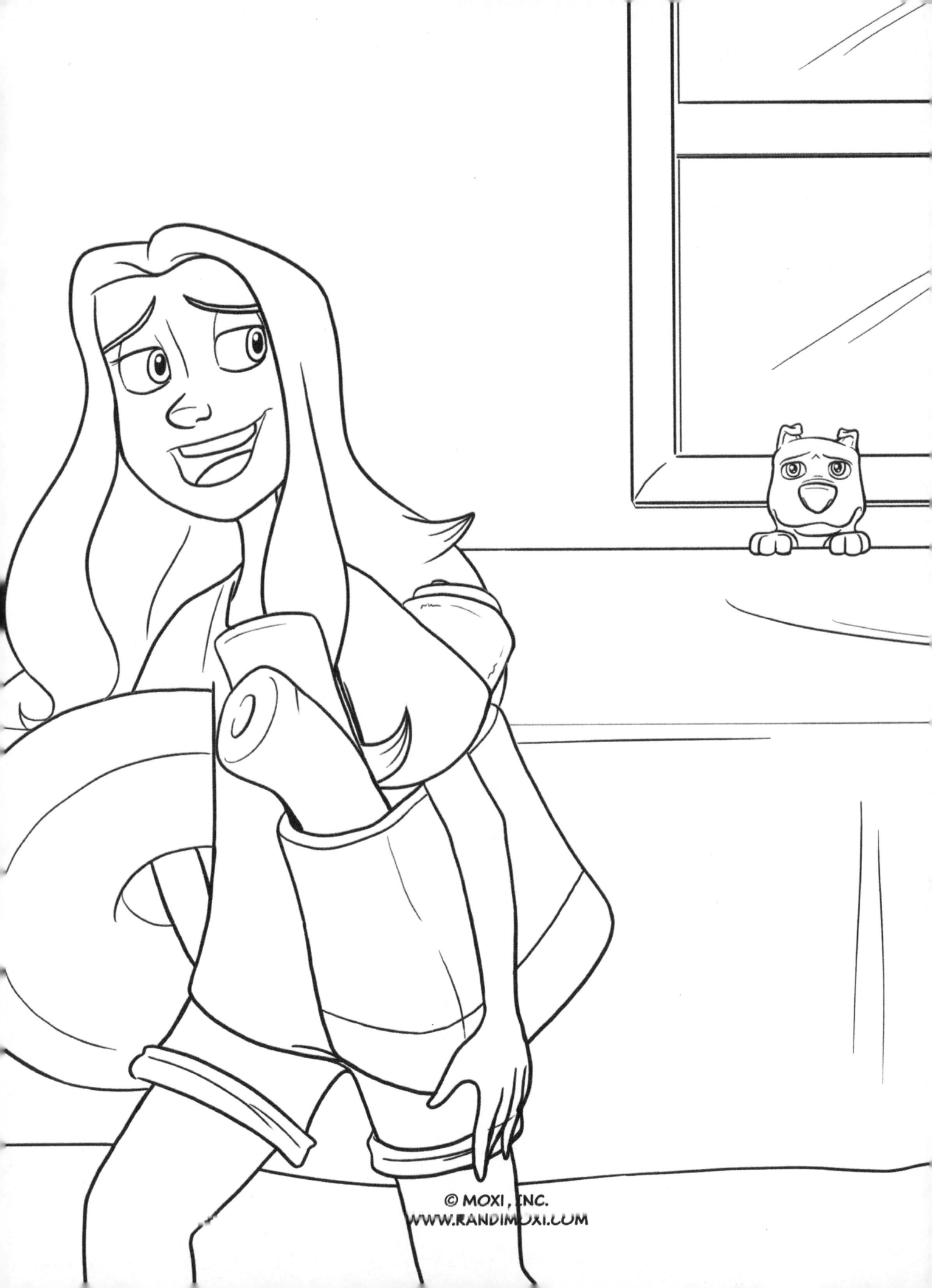

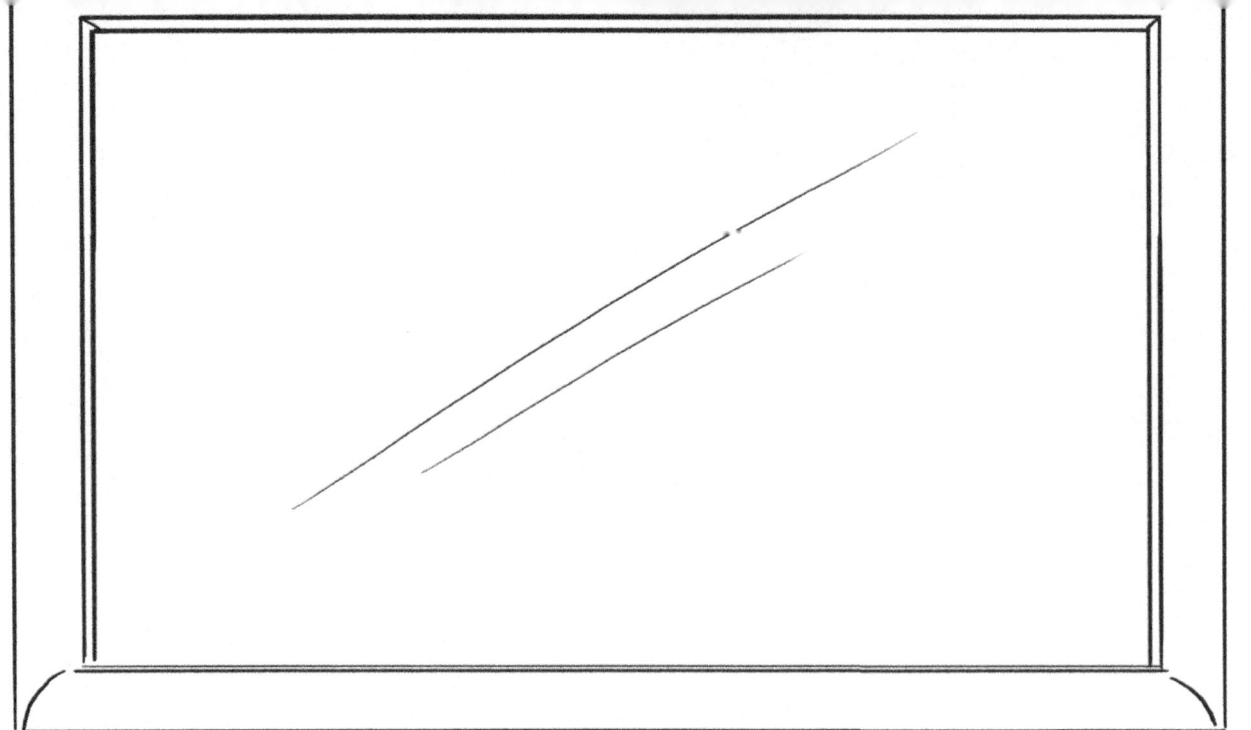

© MOXI, INC.
WWW.RANDIMOXI.COM

© MOXI, INC.
WWW.RANDIMOXI.COM

© MOXI, INC.
WWW.RANDIMOXI.COM

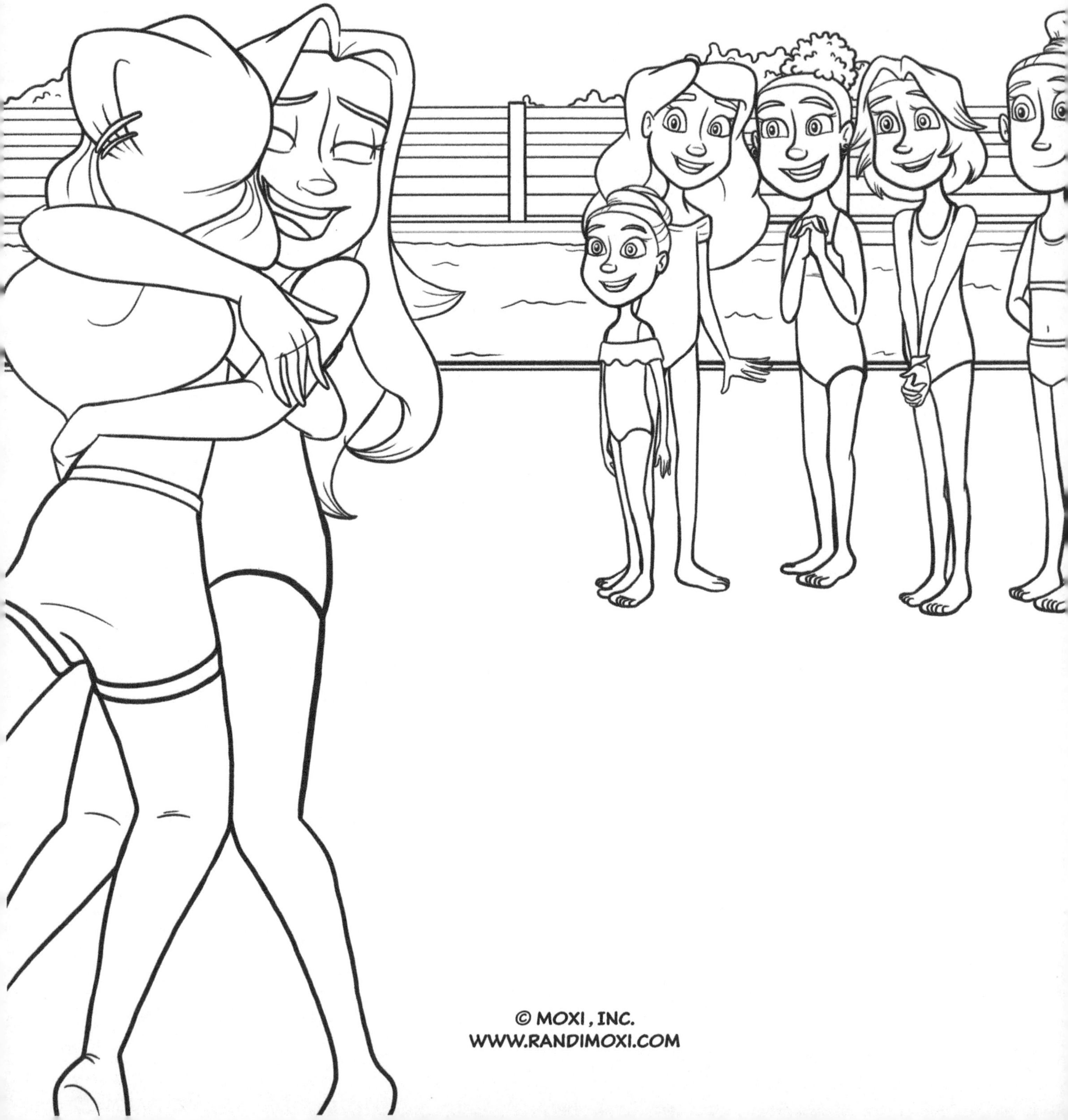

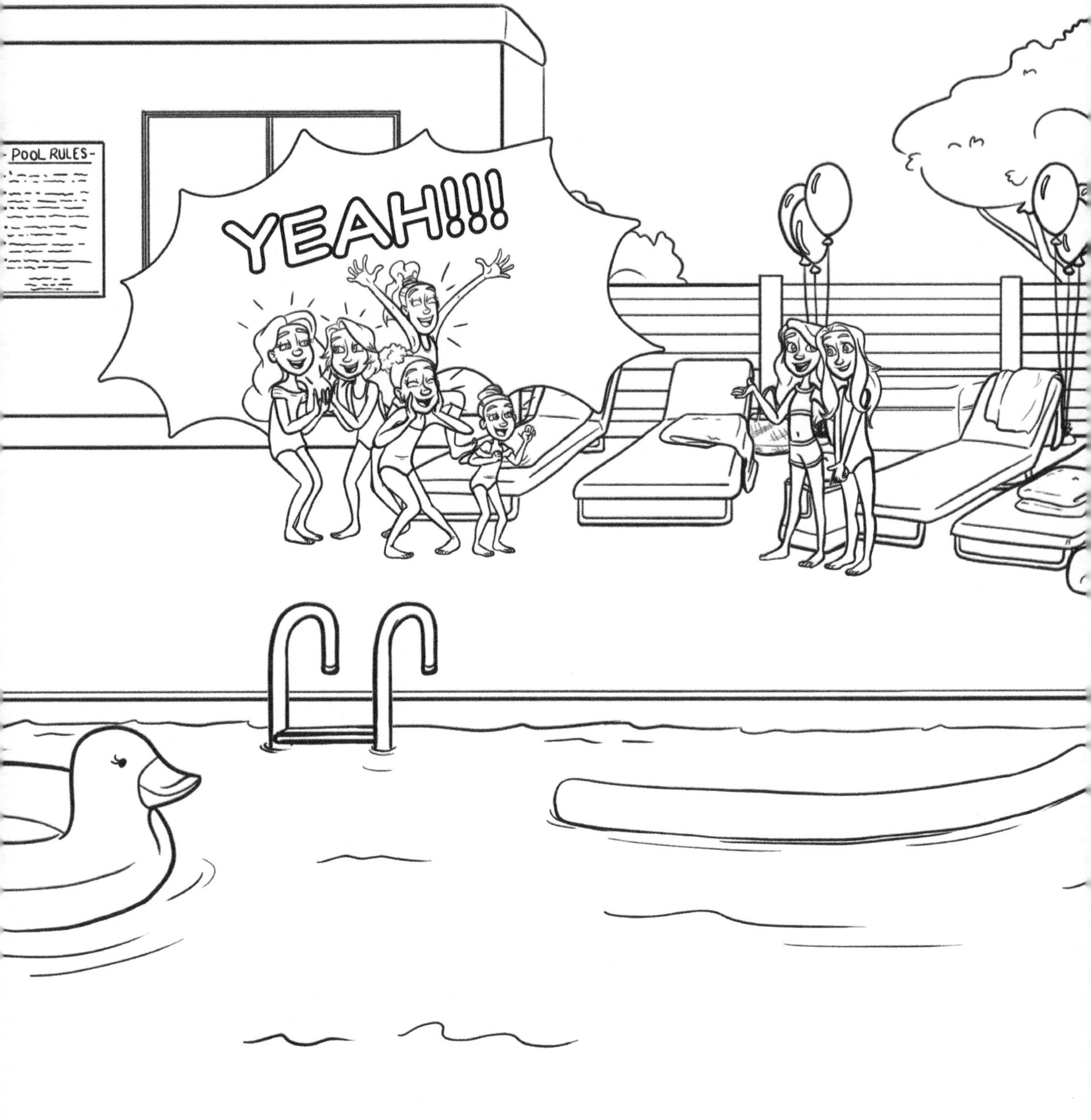
POOL RULES
YEAH!!!

© MOXI, INC.
WWW.RANDIMOXI.COM

© MOXI, INC.
WWW.RANDIMOXI.COM

© MOXI, INC.
WWW.RANDIMOXI.COM

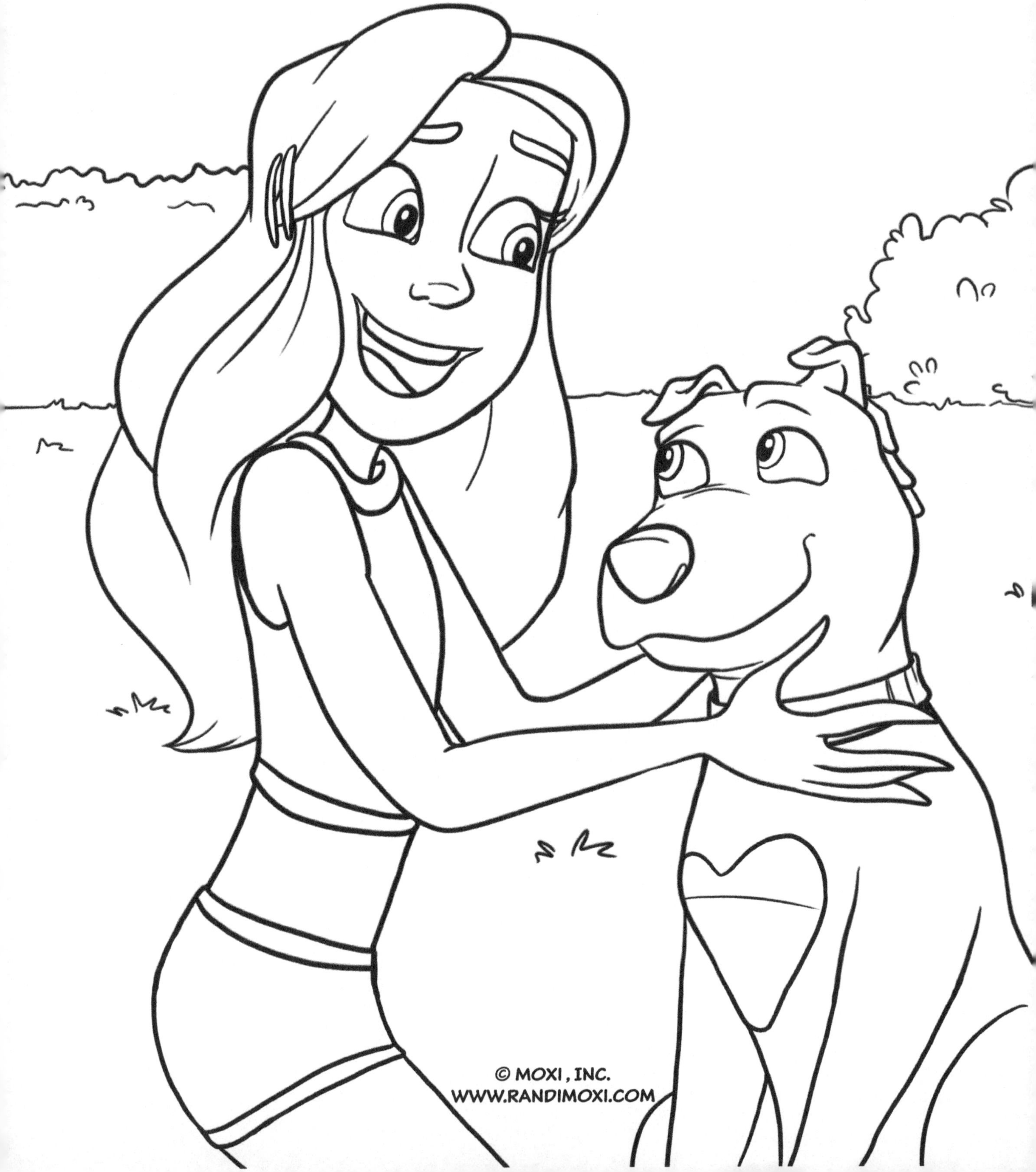

© MOXI, INC.
WWW.RANDIMOXI.COM

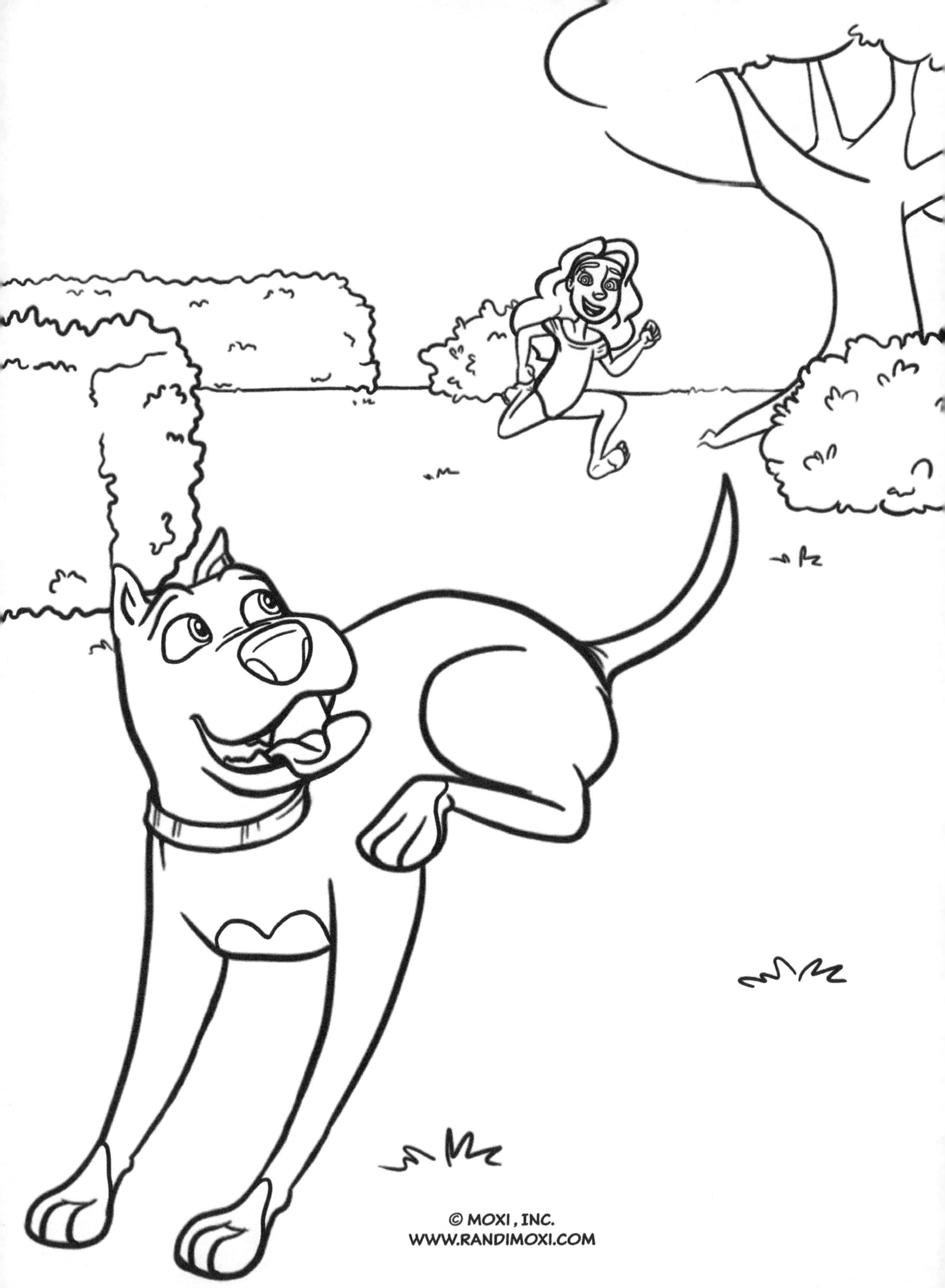

© MOXI, INC.
WWW.RANDIMOXI.COM

© MOXI, INC.
WWW.RANDIMOXI.COM

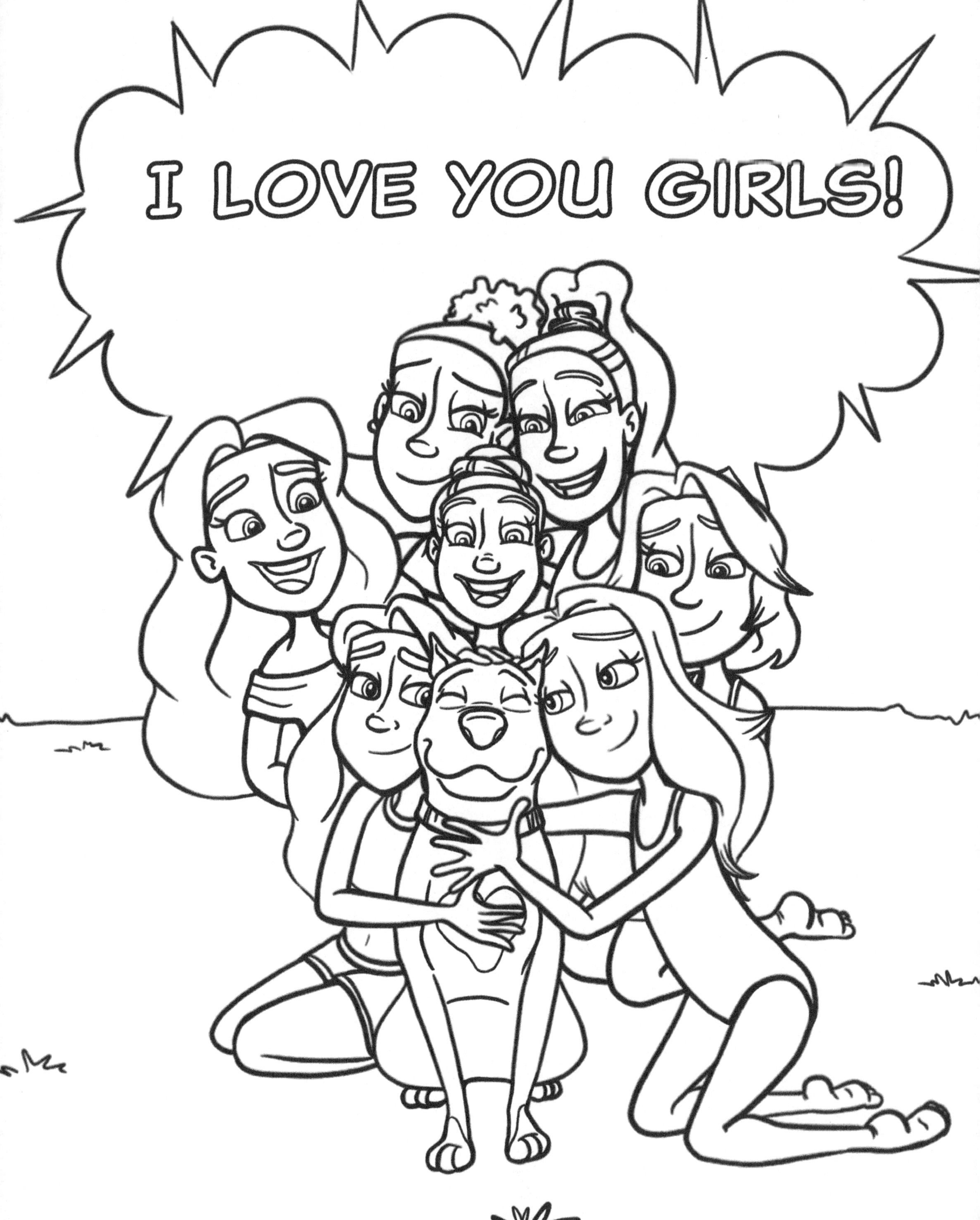
I LOVE YOU GIRLS!

© MOXI, INC.
WWW.RANDIMOXI.COM

Made in the USA
Monee, IL
17 August 2024